10 9 8 7 6 5 4 3 2 1

Library of congress Cataloging-in-Publication Data
St. Germain, Mark
Tres Tazas/Mark St. Germain: Ilustrado por April Willy

p. cm.

Resumen: *Tres Tazas* enseña a los niños, desde temprana edad, sobre las recompensas de practicar un método único y efectivo de la administración de las finanzas personales y la caridad. (1. Ahorros-Ficción 2. Gerencia-Ficción 3. Administración de finanzas para niños-Ficción 4. Caridad para niños) I. Willy, April, ill. III Título.

LCCN: 2010935529
ISBN: 978-0-9794563-1-2

Impreso en China

Impreso en Everbest Printing Co. Ltd., Nansha, China
8/5/10
95923

Las ilustraciones en este libro fueron realizadas en acrílico sobre masonite bordo. El logotipo utilizado es Garamond Premier Pro.

El concepto y el diseño del libro *Tres Tazas* fueron realizados por Scott Willy

www.3cupsbook.com

Para *todas* las familias.

El día de mi quinto cumpleaños,
mis padres me regalaron un regalo maravilloso.

Me prometieron que el regalo me llevaría a muchas aventuras.

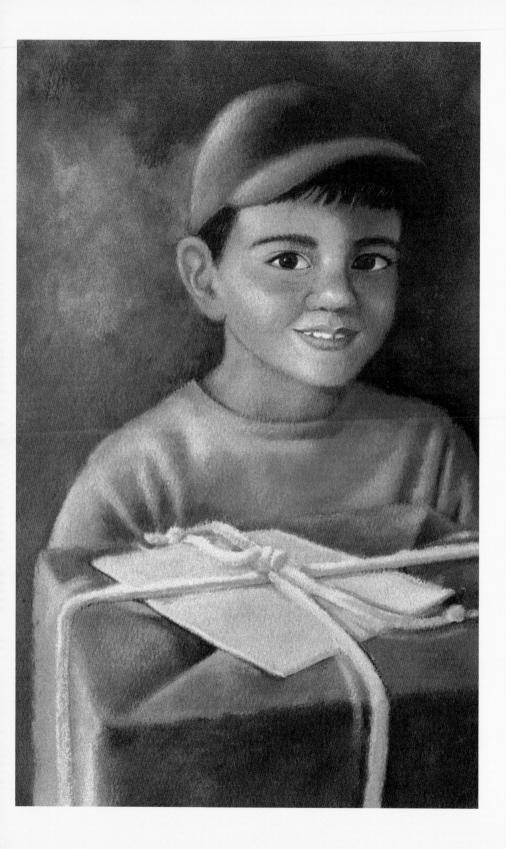

"Estas tres tazas son de nuestro armario," les dije.
"*Esto* es mi regalo?"

"Hay más," explicó mi mamá.
"Mira dentro del sobre."

"Creemos que es hora de que empieces a
recibir una mesada semanal," dijo mi papá.
"Y cada año crecerá, como crecerás tú."

"Cada semana te ayudaremos a dividir tu mesada
entre las tres tazas," dijo Mamá. "Una taza es para *ahorrar*,
otra taza es para *gastar*, y la otra taza es para *donar*."

Después de que discutimos cómo dividir el dinero
y lo pusimos en las tazas, las colocamos en mi dormitorio.

*"Pero, ¿qué hubo de las aventuras? les pregunté.
"Ya vendrán," prometió mi papá.*

Cada sábado, semana tras semana, me emocionaba
a la hora de poner mi mesada en las tres tazas.

Cada domingo, lunes, martes, miércoles, jueves
y viernes… me olvidaba del dinero.

Un día mi mamá dijo, "Me parece que tus tazas
se están llenando. Veamos cuánto dinero tienes."

Ella me ayudó a contarlo. Me sorprendí al ver cuánto
dinero había, especialmente en mi Taza de Ahorrar.

"Tengo una idea," dijo Mamá. "Vayamos al banco."

"¡Eres rico!" dijo mi hermana.

"Quisiera seguir ahorrando mi mesada en tazas,"
le dije a mi mamá.

"Puedes hacerlo," dijo Mamá. "Pero preguntémosle al
Sr. López cómo el banco puede ayudarte a ahorrar aún más."

El Sr. López era el presidente del banco.

Me dijo que él podía mantener mi dinero a salvo
y hacerlo crecer. Le pregunté cómo.

Él dijo que cuando yo pusiera mi dinero en su banco,
se llamaría un "depósito." Lo colocarían en mi
propia cuenta de ahorros, la cual guardaría mi dinero
para mí, tal como mi Taza de Ahorrar.

Mejor aún, el Sr. López dijo que el banco ¡me pagaría
por guardar mi dinero allí! El dinero que el banco paga
se llama "interés." Me explicó cómo funcionaba.

El "interés" me pareció interesante.

Después de que deposité el dinero de mi Taza de Ahorrar,
el Sr. López me dio un dulce.

Le pedí otro para mi hermana también.

"¿Ésta es la aventura?" le pregunté a Mamá.
"Es sólo el comienzo. ¿Sabes cuánto dinero
tienes en su Taza de Gastar?" ella me preguntó.

Después que regresamos del banco a casa, conté el dinero en mi Taza de Gastar. Yo quería comprar un guante de béisbol nuevo, pero sabía que no había ahorrado lo suficiente todavía.

"¿De verdad quieres ese guante?" preguntó Mamá.

"De verdad," le dije.

Mamá dijo que si yo guardaba mi dinero un poco más tiempo, tendría suficiente para comprarlo.

"Puedes comprar una muñeca en vez de un guante," dijo mi hermana.

Así que esperé una semana, luego dos, luego tres. Fue entonces que llegué a tener más que suficiente para comprar mi guante de béisbol nuevo.

Le compré un regalo a mi hermana con el dinero que me sobró.

"Esto es una aventura," le dije a mi mamá y a mi papá.
"Aún no ha terminado," dijo Papá. "¿Qué hubo con tu
Taza de Donar?"

Donar a la caridad es ayudar a los demás. Pero había tanta gente que necesitaba ayuda, y mi Taza de Donar era tan pequeña.

Acudí a mis padres y les pregunté qué podía hacer.

"Cien cosas," dijo Papá.

"Cien veces cien cosas," dijo Mamá.

Entonces recordé que en mi escuela estaban recaudando comida para familias necesitadas. Le pregunté a mi mamá si podía ir con ella a la tienda de abarrotes. Con el dinero de mi Taza de Donar compré ocho latas de sopa.

Cuando se las llevé a mi maestra, la Sra. Phillips, ella me preguntó si yo quería ayudarla a entregar toda la comida que habíamos recaudado en mi escuela.

Las familias a las que ayudamos se pusieron contentas de recibir nuestros regalos. Ayudarles me hizo sentir contento a mí también.

Esa noche mi papá me preguntó cuál era mi taza favorita.

"Mi Taza de Gastar," le dije. "No, mi Taza de Ahorrar.
Pero mi Taza de Donar me hizo sentir bien también."

"Ahorrar, Gastar, y Donar," me dijo Papá.
"Hacer estas tres cosas mientras vas creciendo…
Ésa es la aventura."

Pasaron las semanas.
Cada semana yo dividí mi mesada en mis tres tazas.

Pasaron los años.
Cada año mi mesada creció.

Cuando conseguí mi primer trabajo, podando el césped de los
vecinos, también puse en mis tres tazas el dinero que gané.

Durante mis años en la preparatoria compré muchas cosas
con el dinero de mi Taza de Gastar.

Con el dinero de mi Taza de Donar,
ayudé a muchas personas.

Y cuando me gradué de la preparatoria,
usé el dinero de mi cuenta de ahorro en el banco
para ayudar a pagar por la universidad.

Empaqué mis tres tazas para llevármelas conmigo.

Hoy mi propio hijo cumplió cinco años.

"Feliz Cumpleaños," le dije.

"*¿Estás listo para una aventura?*"

Guía para Padres de Familia: Comenzando con *Tres Tazas*.

Más que nada, disfruten la Aventura *Tres Tazas* que compartirán con sus hijos. Recuerden, lo que verdaderamente importa no es cuánto dinero tenemos, sino cómo lo usamos. *Tres Tazas* les ayudará a establecer buenos hábitos en sus hijos, y ellos podrán seguir desarrollándolos según crecen.

1. Escojan un día especial para empezar: un cumpleaños, un día festivo u otra ocasión especial.

2. Pónganse de acuerdo sobre cuánto dinero recibirán sus hijos semanalmente como mesada.

3. Decidan (por ahora) cómo han de dividir la mesada entre las Tazas de Ahorrar, de Gastar, y de Donar.

4. Lean *Tres Tazas* a sus hijos, o pídanle a ellos que les lean el cuento a ustedes. Hablen sobre el libro y respondan las preguntas que hagan sus hijos. Explíquenles que *Tres Tazas* es una aventura maravillosa, pero que es también una responsabilidad que están asumiendo ustedes y sus hijos.

5. Elijan tres tazas diferentes de las que tengan en su armario. Nombren cada una con las palabras "Ahorrar", "Gastar" y "Donar". También pueden ayudar a sus hijos a decorar sus tazas para hacerlas únicas y personalizadas.

6. Establezcan un lugar seguro para guardar las tres tazas; acompañen a sus hijos y mírenlos cuando dividan el dinero de su mesada entre las tres tazas cada semana, especialmente al principio.

7. Conversen con sus hijos sobre las cosas para las cuales quieren ahorrar. Anímenles a hacer una lista de las cosas en las que pueden usar el dinero de su Taza de Gastar. Hablen con ellos sobre a quién quisieran ayudar con su Taza de Donar. Juntos, investiguen usando la guía telefónica o la Internet, o hablando con personas de su escuela, iglesia, u otras organizaciones cívicas las actividades caritativas acerca de las cuales sus hijos quieran aprender.

8. Una vez sus hijos se hayan acostumbrado a dividir su mesada, y sus tazas empiecen a llenarse, pónganse de acuerdo en cuanto a cuándo llevar al banco a sus hijos con el dinero de las Tazas de Ahorrar.

9. Durante su primera visita al banco, pídanles a un representante del banco que le permita a sus hijos observar cuando abran su cuenta de ahorro, y animen a sus hijos a hacer las preguntas que tengan.

10. Según sus hijos crezcan, continúen dialogando con ellos sobre lo que desean hacer con sus fondos para ahorrar, gastar, y donar. Conforme cambien las ambiciones e intereses de sus hijos, también pueden cambiar los porcentajes de su mesada que pongan en cada taza. Aliéntenles, según sus cuentas de ahorro crezcan, a considerar otras opciones y servicios bancarios con su banco o con otros profesionales de la industria financiera.

Esperamos que este libro les haya impactado
y que les aliente a presentar a sus hijos,
nietos, sobrinas, sobrinos, y otros
el programa de las Tres Tazas.

Cuando así lo hagan ustedes, seguramente ellos tendrán
muchas aventuras memorables que otros disfrutarán escuchar.
Tenemos una sección especial reservada en nuestro sitio en la
Internet para estas historias inspiradoras. Simplemente visiten:

www.3cupsbook.com/share.

Todos tenemos la oportunidad de hacer una diferencia
en nuestras familias, comunidades y en el mundo entero.

Después de leer este libro, pensamos que ustedes estarán de
acuerdo de que es tan fácil como uno, dos, tres.